# Inhalt

## Kosmetikbranche - Billigboom im Massenmarkt setzt Hersteller unter Druck

Kernthesen

Beitrag

Fallbeispiele

Zahlen und Fakten

Weiterführende Literatur

Impressum

# Kosmetikbranche - Billigboom im Massenmarkt setzt Hersteller unter Druck

*A.Schneider*

## Kernthesen

- Der deutsche Markt für dekorative Kosmetik macht rund eine Milliarde Euro Umsatz.
- Aktuell findet im Massenmarkt getrieben vom Handel ein Billigboom statt, als Senkrechtstarter bei den billigen Marken zeigt sich die Cosnova-Marke Essence.
- Hersteller wie Procter & Gamble und Beiersdorf geraten unter Druck und versuchen, mit Billigvarianten und Rabattaktionen die eigenen Kernprodukte

zu stärken.
- Der Trend zu Naturkosmetik hält an und viele Hersteller haben inzwischen Bio-Linien in ihrem Portfolio. Zu den Vorzeigeunternehmen in Sachen Naturkosmetik gehört die Firma Wala.

**Beitrag**

## Billigboom im Massenmarkt bricht Wachstumsdynamik bei dekorativer Kosmetik

Die Kosmetikbranche erwartet für das laufende Jahr steigende Umsätze. Einer Anfang September durchgeführten Befragung der Mitglieder des Verband der Vertriebsfirmen Kosmetischer Erzeugnisse e.V. (VKE) zufolge rechnen über 50 Prozent der Befragten mit einer positiven Entwicklung bei der pflegenden Kosmetik, gefolgt von der dekorativen Kosmetik (45 Prozent) sowie den Damendüften, denen ebenfalls 45 Prozent eine gute Entwicklung voraussagen. Zudem sieht zumindest jeder Dritte aussichtsreiche Entwicklungen für die Herrenkosmetik.
Das Marktvolumen für dekorative Kosmetik hatte in

den vergangenen Jahren hierzulande um acht bis neun Prozent zulegen können und zuletzt fast eine Milliarde Euro erreicht. Doch augenblicklich ist die Wachstumsdynamik gebrochen. Während im ersten Halbjahr 2009 der Umsatz im Lebensmitteleinzelhandel, Drogeriemärkten, Kauf- und Warenhäusern sowie Drogerien noch um satte zehn Prozent angestiegen war, schaffte er von Januar bis Juni dieses Jahres nur noch ein einziges Prozent. An der Nachfrage liegt es nicht, die deutschen Verbraucherinnen legen nach wie vor Wert auf Kosmetik und Körperpflege und greifen regelmäßig zu. Die Branche setzt derzeit allerdings auf immer billigere Produkte für immer jüngere Kundinnen. Im Massenmarkt boomen daher die Billig-Artikel. Der Handel, allen voran die Drogeriemärkte Müller, dm und Rossmann, liefern sich regelrechte Preisschlachten und locken mit bis zu 25 Prozent Rabatten. In den ersten fünf Monaten des laufenden Jahres konnten von der Kauflust der Kundinnen vor allem Manhattan (Dr.Scheller) sowie Maybelline Jade (LOréal) profitieren. LOréal Paris, Max Factor (Procter&Gamble), Astor und Rimmel (Coty) stagnierten hingegen oder büßten sogar Marktanteile ein. (1) Als Senkrechtstarter bei den billigen Marken zeigt sich die Cosnova-Marke Essence. [Abb. 1] Zu den Top-Marken des vergangenen Jahres zählen Nivea Beaute, Manhattan und Maybelline (Jade). [Abb. 2] Der Einfluss des Handels ist enorm.

Dekorative Kosmetik wird zu über 80 Prozent in Drogeriemärkten wie Rossmann, dm oder Schlecker gekauft. Weit weniger Kundinnen - gut 37 Prozent - bevorzugen die beratungsstarken Parfümerien wie etwa Douglas, und knapp 24 Prozent kaufen ihre Produkte in den Fachabteilungen von Warenhäusern wie beispielsweise Karstadt.
Der weltweite Kosmetikmarkt war in der Wirtschaftskrise nur wenig eingebrochen und wächst nun wieder mit rund vier Prozent. Der Aufschwung der Branche lebt vor allem von der Nachfrage der Kundinnen in Asien und Lateinamerika. (2)

## Procter & Gamble - starke Marken, doch Geschäftsentwicklung im Zeichen der Krise

Procter & Gamble ist der weltgrößte Konsumgüterkonzern. P&G wurde von zwei Europäern gegründet, die in die Vereinigten Staaten ausgewandert waren: William Procter war ein Kerzenzieher aus England und James Gamble ein aus Irland stammender Seifensieder. Beide gründeten das Unternehmen 1837 in Cincinnati im Bundesstaat Ohio, wo sich der Hauptsitz auch heute noch befindet. 1960 wurde P&G Deutschland in Frankfurt gegründet. Das Wäschepflegemittel Lenor und das

Waschmittel Dash waren die ersten Erfolgsprodukte. Das Produktportfolio von Procter & Gamble ist breit; insgesamt sind 300 **Marken** am Start. Am bekanntesten sind wohl die Pampers-Windeln. Zu den Beauty-Produkten gehören unter anderem das Pantene Pro V-Shampoo, head & shoulders, Olaz, Max Factor, die Haarpflegeserie Wella, Herbal Essences und natürlich die Gilette-Rasierer. Traditionell steht Procter & Gamble für starke Marken und eine hohe Qualität, die sich das Unternehmen von seinen Kunden mit hohen Preisen bezahlen lässt. Doch so ganz funktioniert das nicht mehr. **Aktuell** muss der Konzern seine Preise senken, um die Kunden bei der Stange zu halten. So versucht Procter & Gamble derzeit Billigvarianten der eigenen starken Marken im Markt zu positionieren. Vorstandschef Bob McDonald ließ günstigere Versionen von Gillette-Rasierern und Pampers-Windeln auf den Markt bringen. Die einstige **Stärke** von Procter & Gamble lag im amerikanischen Geschäft. Dort werden mehr als 40 Prozent der Umsätze erzielt. Doch inzwischen ist der amerikanische Markt weitgehend gesättigt und die Stärke ist eher zur **Schwäche** mutiert. Daher richtet der Konsumgüterriese seinen Blick verstärkt auf Wachstumsmärkte wie China und Indien. Im vergangenen Jahr erzielte Procter & Gamble einen **Umsatz** von 76,7 Milliarden Dollar, die operative Marge lag bei 20 Prozent (zum Vergleich: Reckitt

Benckiser 25 Prozent). Die Geschäftsentwicklung von Procter & Gamble verläuft derzeit nicht zufriedenstellend, so bewerten das auch die Analysten. Als weiteres Indiz dafür sehen sie den starken Rückgang des Nettogewinns des Unternehmens im zweiten Quartal. (3)

## LOréal - gute Zahlen mit noch besserer Seifenoper hinter den Kulissen

Das Pariser Unternehmen LOréal ist der weltgrößte Kosmetikkonzern. Die Geschäfte laufen auch in diesem Jahr gut, doch wirklich spannend ist es hinter den Kulissen. Dort spielt sich in der Eignerfamilie eine spektakuläre Seifenoper ab, die reichlich Stoff gäbe für eine französische Ausgabe der Familiendramen im Stile der englischen Rosamunde Pilcher oder der schwedischen Inga Lindström. LOréal hat 23 **Marken** im Portfolio, darunter so renommierte wie Body Shop, Lancôme, Garnier, Yves Saint Laurent Beauté und Biotherm. Zu seinen Werbeträgerinnen gehören Andie MacDowell, Diane Kruger, Penelope Cruz oder Beyoncé. **Aktuell** macht LOréal ganz im Stile Hollywoods vor allem mit der so genannten Bettencourt-Krise Schlagzeilen. Dabei geht es in einem filmreifen Familiendrama um Geld, Macht und

Gefühle. Hauptdarstellerin ist die 87jährige, schwerhörige Liliane Bettencourt, Tochter des Firmengründers, schwerreiche Witwe und Hauptaktionärin. Sie liegt derzeit im heftigen Clinch mit ihrer einzigen Tochter Françoise Bettencourt-Meyers, 57 Jahre, und deren Mann. Alle drei sitzen gemeinsam im Verwaltungsrat von LOréal. Es geht um Leistungen in Höhe von inzwischen fast einer Milliarde Euro, die Liliane dem Fotografen, Günstling und Lebemann François-Marie Banier hat zukommen lassen - mit der Aussicht auf mehr. Das missfällt der Tochter sehr. Doch auch einem Kleinaktionär von LOréal stößt die Geschichte auf. Er hat den Zehnjahresvertrag angefochten, der François-Marie Banier seit 2002 ein Jahresgehalt von 405 000 Euro zugesteht als "Berater für Kunst- und Modefragen" bei LOréal. Der Kleinaktionär sieht in dem Vertrag eine Veruntreuung von Firmengeldern. Die Justiz muss nun prüfen, ob Banier tatsächlich eine Beratungsleistung erbracht hat. Weitere Darsteller in der Pariser Seifenoper sind eine schwatzhafte Buchhalterin, ein gieriger Vermögensverwalter, ein Butler, der Gespräche heimlich auf Band aufzeichnete, der 30-Prozent-Aktionär Nestlé und sogar der Schatzmeister der Präsidentenpartei UMP. Und so könnte in einer etwaigen Verfilmung sogar Nicolas Sarkozy in einer Nebenrolle auftauchen, in der er den Ahnungslosen mimt, der von Abendessen bei den spendablen Bettencourts, bei denen es zum

Abschied Geldkuverts gab, natürlich nichts gewusst hätte. (4) Noch hat die Geschichte der Geschäftsentwicklung von LOréal nicht geschadet - obs aber so bleibt? Als **Stärke** präsentiert sich momentan das Geschäft mit den Luxusprodukten und mit den Produkten für Frisörsalons. Eine **Schwäche** liegt hingegen im wichtigsten Konzernsegment, den Produkten für den Massenmarkt mit gängigen Marken wie LOréal Paris oder Garnier; sie wachsen derzeit nur schwach. Der **Umsatz** von LOréal betrug im vergangenen Jahr mehr als 18 Milliarden Euro. Der Gewinn (vor Steuern) machte 2,6 Milliarden Euro aus. Die Halbjahresergebnisse 2010 waren besser als erwartet. Der Umsatz stieg um 6,6 Prozent auf 9,67 Milliarden Euro, der Gewinn (nach Steuern) um 21 Prozent auf 1,31 Milliarden Euro. (2)

## Reckitt Benckiser - der profitabelste und wachstumsstärkste Konzern

Reckitt Benckiser ist der wachstumsstärkste und profitabelste Konzern in der Konsumgüterbranche mit einer operativen Gewinnmarge von knapp 25 Prozent. Der Name des britischen Konsumgüterherstellers ist vielen unbekannt, seine

**Marken** hingegen kennt fast jeder aus dem Supermarkt. Zum Produktportfolio gehören unter anderem die Geschirrspülmitteltabs Calgonit, das Desinfektionsmittel Sagrotan, das Waschmittel Woolite, der Zahnprothesenreiniger Kukident und das Pickelmittel Clearasil. Reckitt-Benckiser ist schuldenfrei und seine Kriegskasse mit in etwa einer Milliarde Pfund gut gefüllt. **Aktuell** und überraschend verkündete der Konzernchef Bart Becht, dass er für drei Milliarden Euro den britischen Konzern SSL International übernehmen und so seine Sparte der Gesundheits- und Körperpflegeprodukte stärken werde. Zu SSL gehören die Sandalen- und Fußpflegemarke Scholl sowie die Kondommarke Durex. Damit erwirtschaftet Reckitt künftig ein Drittel seiner gesamten Erlöse mit Pflegemitteln, die als zukunftsträchtiges Geschäftsfeld eingestuft werden. Als große **Stärke** bewertet der Konzernlenker Reckitts Fähigkeit, Ideen rasch umzusetzen und Dinge, die es eigentlich schon gibt, zu verbessern. So wurde zuletzt ein Seifenspender auf den amerikanischen Markt gebracht, aus dem die Seife tropft, sobald man die Hände davor hält. Das sei vor allem unter hygienischen Gesichtspunkten eine wichtige Produktverbesserung, die beim Käufer auf Gefallen stoße. Die Produkteinführung verlaufe sehr erfolgreich. (5) Als derzeitige **Schwäche** gilt die Flaute im Europa-Geschäft von Reckitt Benckiser. Im vergangenen Jahr erwirtschaftete der Konzern 7,75

Milliarden Pfund Umsatz und 1,9 Milliarden Pfund Gewinn. Das erste Halbjahr 2010 verlief erfolgreich: Der Gewinn stieg um 23 Prozent im Vergleich zum Vorjahreszeitraum und der Umsatz kletterte um zehn Prozent. (6)

## Henkel - professionelle Markenführung

Der Düsseldorfer Familienkonzern hat unter Konzernchef Kasper Rorsted seine Hausaufgaben gemacht und fokussiert sich im Geschäftsbereich Kosmetik/Körperpflege auf wenige, dafür aber besonders starke Marken, die sehr professionell geführt werden. Henkel bietet im Bereich Kosmetik und Köperpflege Shampoos, Colorationen, Duschgels, Cremes und Zahnpflegemittel an. Bekannte **Marken** sind beispielsweise Schwarzkopf, das Haarpflegemittel Schauma, die Haarcoloration Diadem, Dial und das Duschgel Fa. Die drei Topmarken Schwarzkopf, Dial und Fa erzielen etwa drei Viertel des Gesamtumsatzes von zuletzt rund drei Milliarden Euro. Auf die zehn stärksten Marken entfallen rund 90 Prozent des Geschäfts. Die größte Einzelmarke des Konzerns ist Schwarzkopf mit 1,7 Milliarden Euro. **Aktuell** sorgte Henkels Markteinführung der Marke Syoss für Furore. In ganz Europa konnte kein Haarpflegeprodukt derart erfolgreich im Markt positioniert werden wie dieses Produkt, das den Kundinnen moderne professionelle Haarpflege zu einem günstigen Preis verspricht. Die energische Restrukturierung des Kosmetik- und Körperpflegegeschäfts zeigt Wirkung. Die erfolgreiche Führung von wenigen Top-Marken wurde zur entscheidenden **Stärke** des Geschäftsbereichs aufgebaut. Henkel konzentriert sich jetzt auf international erfolgreiche Marken, mehr als 25 kleinere Marken wurden abgestoßen, die Parfüms verkauft, die Sortimente international harmonisiert - die einstige **Schwäche** der zu starken Zersplitterung scheint damit behoben. 2009 haben die Düsseldorfer in einem schrumpfenden Markt ein organisches Wachstum von 3,5 Prozent geschafft. Der **Umsatz** mit Kosmetik/Körperpflege belief sich auf rund 3 Milliarden Euro und machte 22 Prozent des Konzernumsatzes aus. Die Geschäfte mit Kosmetik und Körperpflege konnten achtzehn Quartale in Folge in Umsatz und Gewinn gesteigert werden. Sie leisten einen entscheidenden Beitrag dazu, dass 2010 das beste Jahr in der bisherigen Henkel-Geschichte sein wird - eine sehr zufriedenstellende Entwicklung für die Sparte, um die sich vor 2005 noch Verkaufsgerüchte rankten. (7)

## Beiersdorf - Defizite bei

# Wachstum und Rendite, Rabattaktionen sollen Nivea helfen

Der Hamburger Kosmetikkonzern wurde 1882 durch den Apotheker Paul C. Beiersdorf gegründet. 1920 kam der erste Nivea-Werbefilm in die deutschen Kinos. Das Flaggschiff unter den **Marken** von Beiersdorf ist Nivea - zugleich der wichtigste Umsatzträger. Weitere bekannte Marken sind Labello, Hansaplast, 8x4, Eucerin, Florena oder la prairie. **Aktuell** versucht Beiersdorf sein Erfolgsprodukt Nivea mit hohem Marketingaufwand zu stärken. Denn im ersten Halbjahr 2010 ging der Absatz der Nivea-Produkte zurück. Im Juli landeten fünf Millionen Probierproben der Marke "Nivea Soft" in deutschen Briefkästen, um sich bei den Kunden wieder stärker in Erinnerung zu bringen. Als **Stärke** im Geschäft zeigen sich zurzeit die Nivea-Männerpflegeserie und die Markte Eucerin. Haarpflege- und Make-up-Produkte entwickeln sich hingegen nicht gut. So etwa haben sogar Nivea-Visage und Nivea-Body Marktanteile verloren. Neuentwicklungen konnten nicht erfolgreich an den Mann gebracht werden, Veränderungen in Verpackungsdesigns erwiesen sich als Flops. Auch die Niedrigpreismarke Florena hat an Umsatz verloren. Und so hinkt Beiersdorf bei Wachstum momentan den Wettbewerbern LOréal und Procter & Gamble deutlich hinterher. Auch bei den Renditen können die Hamburger nicht mithalten. Als Ursache dieser **Schwäche** wird unter anderem die nach wie vor starke Konzentration auf Europa gesehen, während die wachstumsdynamischen Regionen in Asien vernachlässigt werden. Im ersten Halbjahr 2010 sank der **Umsatz** in Deutschland im Konsumgütergeschäft um 2,3 Prozent. Im zweiten Quartal des laufenden Jahres ist Beiersdorf im Kerngeschäft mit Hautpflege- und Kosmetikprodukten (Consumer) in Europa organisch lediglich um 1,3 Prozent gewachsen. Der Markt hatte 4,1 Prozent erwartet und war dementsprechend enttäuscht. Dank des Wachstums der Klebstoffsparte Tesa und der Märkte in Asien, Russland und Lateinamerika steigerten die Hamburger aber ihren Umsatz im ersten Halbjahr 2010 insgesamt um 7,8 Prozent auf 3,17 Milliarden Euro. Der Nettogewinn wuchs um mehr als 20 Prozent auf knapp 250 Millionen Euro. (8)

## Trends

**Naturkosmetik**: Ökologische Aspekte spielen auch beim Kauf von kosmetischen Produkten eine zunehmende Rolle. Dabei liegt den Verbraucherinnen am meisten am Herzen, dass bei der Forschung keine Tierversuche gemacht werden. Bei einer Umfrage unter Frauen zwischen 20 und 69 Jahren in Deutschland, die im Beauty Guide 2009 veröffentlicht wurde, gaben knapp 88 Prozent der Befragten dies als für sie besonders wichtig an. Starke Beachtung fanden mit jeweils rund 77 Prozent auch ein fairer Handel und die Verwendung nachwachsender Rohstoffe. Der so genannte Grüne Handel wie Body Shop, Yves Rocher und das Reformhaus rangiert als Einkaufsort für die dekorative Kosmetik mit über 13 Prozent immerhin schon auf Rang sechs (hinter Drogeriemärkten, Parfümerien, Fachabteilungen, Supermärkten/Verbrauchermärkten/Discountern und dem Internet). (9) **Herrenkosmetik**: Der Mann von heute nimmt die Gesichts- und Körperpflege deutlich ernster als früher und greift zu den inzwischen von verschiedenen Herstellern angebotenen speziellen Herrenprodukten - und nicht mehr nur heimlich in den Cremetopf der Partnerin. Beiersdorf war mit Nivea Vorreiter und führte bereits 1986 die Serie Nivea for Men ein. 2005 zog L'Oréal mit Men Expert nach. In diesem Jahr gehen Dove Men + Care und Henkel mit Deodorants und Duschgels unter dem Namen Right Guard an den Start. Erhältlich sind auch hochpreisige Männerpflegeprodukte wie "Biotherm Homme", "Homme" von Vichy oder "Hugo Boss for Men", die vor allem über Parfümerien und Apotheken vertrieben werden. (10)

# Fallbeispiele

**Senkrechtstarter Cosnova:**
Ein rasantes Wachstum legt derzeit das Kosmetikunternehmen Cosnova hin. Das erst vor neun Jahren gegründete Unternehmen aus Sulzbach am Taunus gilt **aktuell** als Senkrechtstarter der Kosmetikbranche. Es wächst in diesem Jahr voraussichtlich um fast 30 Prozent. Cosnova führt zwei **Marken**: Essence für die junge Zielgruppe von 14 bis 25 Jahren und Catrice für Frauen ab 26. Cosnova bietet häufig wechselnde Trendkollektionen. Als **Stärke** konnte in kurzer Zeit Essence im In- und Ausland positioniert werden: Essence erreichte bei Durchschnittspreisen von 2 Euro in Deutschland im ersten Halbjahr über 9 Prozent Wertmarktanteil und über 22 Prozent bezogen auf die Menge. Im Monat Juni wurde sie sogar erstmals die zweitgrößte Marke in Wert hinter Maybelline Jade. Catrice als schlicht-klassisch positionierte Marke zeigte sich hingegen eher als **Schwäche** und kam bei den Kundinnen nicht so gut an. Nun arbeitet Cosnova an einer Neugestaltung des Markenimages. Moderner und stilvoller soll Catrice werden. Die Kundin soll das Gefühl haben, ein hochwertiges Produkt zu einem günstigen Preis zu bekommen - Cheap Chic nennen Trendforscher dieses Prinzip. Cosnova wird insgesamt in diesem Jahr 115 Millionen **Umsatz** erreichen und

gegenüber dem Vorjahr mit 90,5 Millionen sehr deutlich zulegen. (11)

**Naturkosmetik Wala:**
Wala ist ein anthroposophisch ausgerichtetes Unternehmen und verhält sich bewusst anders als die anderen. Alle Rohstoffe durchlaufen rhythmische Verfahren zur Konservierung, bevor sie verarbeitet werden. Mit dieser konsequenten Konzentration auf Natur weckt Wala seit Jahren die Begeisterung seiner Kunden inklusive der Hollywood-Schauspielerin Julia Roberts und der Designerin Stella McCartney. Leicht hat es Wala nicht, da inzwischen auch die anderen Kosmetikkonzerne den Trend zu Naturprodukten erkannt haben. Im vergangenen Jahr legte der Umsatz mit Naturkosmetik in Deutschland um knapp 12 Prozent zu, während der Gesamtmarkt für Kosmetik nur um 1,7 Prozent wuchs. Wala bietet 900 verschiedene Arzneimittel unter der **Marke** Wala und 130 Produkte der Kosmetik-Serie Dr. Hauschka. **Aktuell** ist die Pflege Lotion Mittagsblume im Markt eingeführt worden, das erfolgreichste Produkt ist die Rosencreme für das Gesicht. Wala positioniert sich in jeder Hinsicht als Premiumprodukt. Nur das Beste ist gut genug. Darin sieht Unternehmenschef Johannes Stellmann die absolute Besonderheit und **Stärke** seines Unternehmens. Das fängt beim verwendeten Mandelöl aus Demeter-Anbau an, reicht über den eigenen Rosengarten, in dem die Blüten gezüchtet

werden bis zu handgepflückten Gänseblümchen, Frauenmäntelchen, Sonnenhut und Mittagsblumen. Wala macht mit seinen Produkten aus Natur pur immerhin 98 Millionen Euro **Umsatz**, davon ein Drittel Arzneimittel und zwei Drittel Kosmetik. Die Strategie geht auf. Wala weist für die vergangenen fünf Jahre Umsatzrenditen zwischen 10 und 18 Prozent vor Steuern aus. Die Eigenkapitalrendite liegt zwischen 14 und 33 Prozent, die Eigenkapitalquote liegt bei 48 Prozent. Da leuchten die Augen von profitorientierten Eigentümern - doch die gibt es nicht, da das Unternehmen seit 1986 komplett im Besitz einer Stiftung ist. (12)

## Zahlen & Fakten

Abbildung 1: Marktanteile bei Billigmarken

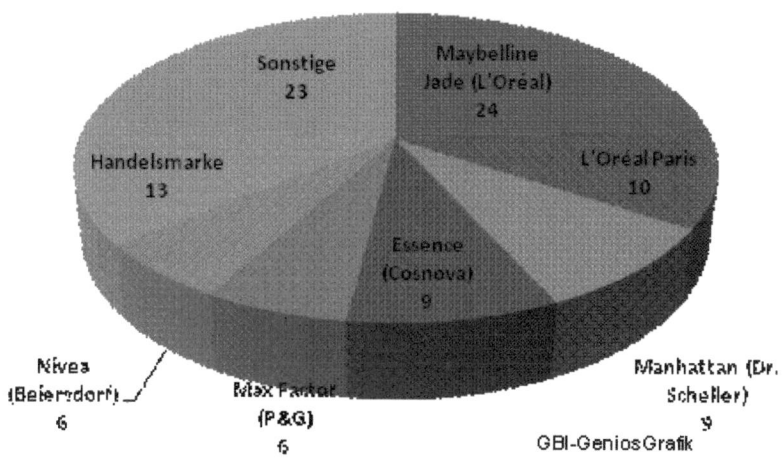

Quelle: Nielsen Entnommen aus: Lebensmittel-Zeitung, 20.08.2010

Abbildung 2: Top 30 Kosmetikmarken nach häufigster Nutzung 1999, 2009

| Rang | Marke | 2009 in Prozent | 1999 |
|---|---|---|---|
| 1 | Nivea Beaute | 19,70 | 6,50 |
| 2 | Manhattan | 15,10 | 6,90 |
| 3 | Maybelline (Jade) | 14,40 | 21,10 |
| 4 | LOreal Paris | 14,00 | 2,40 |
| 5 | Max Factor by Ellen Betrix | 10,00 | 16,40 |
| 6 | Yves Rocher | 7,70 | 10,50 |
| 7 | Astor | 7,50 | 15,60 |

| | | | |
|---|---|---|---|
| 8 | Rimmel London | 5,40 | k.A. |
| 9 | Marbert | 4,90 | 5,30 |
| 10 | Lancome | 4,60 | 5,00 |
| 11 | Avon | 4,60 | 8,60 |
| 12 | Vichy | 4,30 | k.A. |
| 13 | Elizabeth Arden | 3,70 | 6,50 |
| 14 | Estee Lauder | 2,90 | 3,10 |
| 15 | Dior | 2,90 | 3,20 |
| 16 | Helena Rubinstein | 2,90 | 3,40 |
| 17 | Artdeco | 2,90 | 1,60 |
| 18 | Revlon | 2,60 | 3,70 |
| 19 | Clinique | 2,20 | 1,90 |
| 20 | Shiseido | 2,00 | k.A. |
| 21 | Chanel | 1,80 | 3,90 |
| 22 | Biotherm | 1,70 | k.A. |
| 23 | Sans Soucis | 1,30 | 2,50 |
| 24 | Clarins | 1,00 | k.A. |
| 25 | Kanebo | 1,00 | k.A. |
| 26 | Yves Saint Laurent | 0,90 | 1,50 |
| 27 | Hildegard Braukmann | 0,60 | k.A. |
| 28 | Sisley | 0,60 | k.A. |
| 29 | La Roche Posay | 0,60 | k.A. |
| 30 | Alcina | 0,50 | k.A. |

Basis: Frauen ab 14 Jahre.

# Quelle: VerbraucherAnalyse 2009 und 1999.

Entnommen aus: Bauer Media Group, Axel Springer AG, Studie "Beauty Guide 2009", S. 11

# Weiterführende Literatur

(1) Marktflaute trifft Schminke-Hersteller
aus Lebensmittel Zeitung 33 vom 20.08.2010 Seite 014

(2) L'Oréal lässt die Krise hinter sich
aus Frankfurter Allgemeine Zeitung, 27.08.2010, Nr. 198, S. 16

(3) Deflation im Waschmittel-Regal
aus Handelsblatt Nr. 148 vom 04.08.2010 Seite 28

(4) Die alte Frau und das Geld
aus Frankfurter Allgemeine Zeitung, 24.07.2010, Nr. 169, S. 14

(5) Reckitt Benckiser bietet 3 Milliarden Euro für SSL
aus Frankfurter Allgemeine Zeitung, 22.07.2010, Nr. 167, S. 14

(6) Reckitt Benckiser spürt Schwäche in Europa
aus Handelsblatt Nr. 142 vom 27.07.2010 Seite 24

(7) "Kosmetikbranche lebt von Innovationen"
aus Frankfurter Allgemeine Zeitung, 01.09.2010, Nr. 202, S. 14

(8) Der Sonnenschein hilft Beiersdorf

aus Frankfurter Allgemeine Zeitung, 06.08.2010, Nr. 180, S. 16

(9) D: Kauforte, Bedeutung von Beratung und ökologischen Aspekten bei Kosmetik 2009
aus Bauer Media Group, Axel Springer AG, Studie "Beauty Guide 2009", S. 55

(10) Der Mann wird Pflegefall
aus HORIZONT 23 vom 10.06.2010 Seite 028

(11) Cosnova setzt auf Skaleneffekte
aus Lebensmittel Zeitung 35 vom 03.09.2010 Seite 018

(12) "Umsatz und Kosten sind uns egal"
aus Frankfurter Allgemeine Zeitung, 07.08.2010, Nr. 181, S. 12

# Impressum

## Kosmetikbranche - Billigboom im Massenmarkt setzt Hersteller unter Druck

**Bibliografische Information der deutschen Nationalbibliothek**

Die Deutsche Nationalbibliothek verzeichnet diese Publikation in der deutschen Nationalbibliografie; detaillierte bibliografische Daten sind im Internet über http://dnb.d-nb.de abrufbar.

ISBN: 978-3-7379-2258-6

© 2015 GBI-Genios Deutsche Wirtschaftsdatenbank GmbH, Freischützstraße 96, 81927 München, www.genios.de

Alle Rechte vorbehalten. Dieses Werk ist einschließlich aller seiner Teile – z.B. Texte, Tabellen und Grafiken - urheberrechtlich geschützt. Jede Verwertung außerhalb der Grenzen des Urheberrechtsgesetzes bedarf der vorherigen Zustimmung des Verlags. Dies gilt insbesondere auch für auszugsweise Nachdrucke, fotomechanische

Vervielfältigungen (Fotokopie/Mikroskopie), Übersetzungen, Auswertungen durch Datenbanken oder ähnliche Einrichtungen und die Einspeicherung und Verarbeitung in elektronischen Systemen.